Mi corazón, hogar de Cristo

Robert Boyd Munger

Editorial PORTAVOZ

Yo soy la puerta; los que entren a través de mí serán salvos. Entrarán y saldrán libremente y encontrarán buenos pastos. El propósito del ladrón es robar y matar y destruir; mi propósito es darles una vida plena y abundante.

Juan 10:9-10

La misión de *Editorial Portavoz* consiste en proporcionar productos de calidad —con integridad y excelencia—, desde una perspectiva bíblica y confiable, que animen a las personas a conocer y servir a Jesucristo.

Título del original: *My Heart, Christ's Home* © 1986 por Inter-Varsity Christian Fellowship of the United States of America. Traducido con permiso.

Edición en castellano: *Mi corazón, hogar de Cristo* © 2015 por Editorial Portavoz, filial de Kregel Publications, Grand Rapids, Michigan 49505. Todos los derechos reservados.

Traducción: Nohra Bernal

Ninguna parte de esta publicación podrá ser reproducida, almacenada en un sistema de recuperación de datos, o transmitida en cualquier forma o por cualquier medio, sea electrónico, mecánico, fotocopia, grabación o cualquier otro, sin el permiso escrito previo de los editores, con la excepción de citas breves o reseñas.

Todo el texto bíblico sin otra indicación ha sido tomado de la *Santa Biblia,* Nueva Traducción Viviente, © Tyndale House Foundation, 2010. Usado con permiso de Tyndale House Publishers, Inc., 351 Executive Dr., Carol Stream, IL 60188, Estados Unidos de América. Todos los derechos reservados.

El texto bíblico indicado con "nvi" ha sido tomado de *La Santa Biblia, Nueva Versión Internacional®*, copyright © 1999 por Biblica, Inc.® Todos los derechos reservados.

EDITORIAL PORTAVOZ
2450 Oak Industrial Dr. NE
Grand Rapids, Michigan 49505 USA
Visítenos en: www.portavoz.com

ISBN 978-0-8254-5628-2

1 2 3 4 5 / 24 23 22 21 20 19 18 17 16 15

Impreso en Colombia
Printed in Colombia

La entrada
Juan 14:23; Apocalipsis 3:20

Nunca olvidaré la noche en que lo invité a mi corazón. ¡Qué entrada tan memorable! No fue algo espectacular ni lleno de emociones, pero sí muy real, en lo más hondo de mi alma. Él llegó a la oscuridad de mi corazón y encendió la luz. Prendió un fuego en la helada chimenea y disipó el frío. Puso música donde había silencio y armonía donde había discordia. Llenó el vacío con su amistad amorosa. Nunca he lamentado haber abierto la puerta a Cristo, y nunca me arrepentiré de ello.

Esto, por supuesto, es el primer paso para que el corazón se convierta en el hogar de Cristo. Él dijo: «¡Mira! Yo estoy a la puerta y llamo. Si oyes mi voz y abres la puerta, yo entraré y cenaremos juntos como amigos» (Apocalipsis 3:20). Si quieres conocer la realidad de Dios y la presencia personal de Jesucristo en lo más profundo de tu ser, simplemente abre la puerta y pídele que entre y sea tu Salvador y Señor.

Después que Cristo entró en mi corazón, en el gozo de una relación que acababa de descubrir, le dije: «Señor, quiero que mi corazón sea tuyo. Quiero que te instales en él y que te sientas como en casa. Quiero que vivas en él como si este fuera tu hogar. Déjame que te enseñe alrededor y que te señale algunas de las características para que te pongas cómodo. Quiero que disfrutes de nuestro tiempo juntos». Él estuvo encantado de entrar, y se veía dichoso de recibir un lugar en mi pequeño y corriente corazón.

Lectura bíblica:

Juan 14:23

Jesús contestó:

—Todos los que me aman harán lo que yo diga. Mi Padre los amará, y vendremos para vivir con cada uno de ellos.

Preguntas para la reflexión personal:

- ¿Hay alguna habitación en tu casa que acostumbras ocultar de los invitados? ¿Por qué?
- ¿Hay un lugar dentro de ti que es como esa habitación? Explica tu respuesta.
- ¿En qué se diferencia el acto de abrir la puerta e invitar a Jesús a tu corazón al de dejar entrar a un invitado en tu casa?
- ¿Qué clase de experiencias te gustaría vivir cuando dejes entrar a Jesús en tu corazón?
- ¿Qué clase de experiencias no te gustaría o cuáles son algunos temores que podrían hacerte dudar?

El estudio
Filipenses 4:8-9

La primera habitación que vimos juntos fue el estudio, o la biblioteca. Llamémoslo el estudio de la mente. En mi casa esta habitación de la mente es pequeña y tiene paredes gruesas. Sin embargo, es una habitación importante. En un sentido, es la sala de control de la casa. Él entró conmigo y miró los libros en las estanterías, las revistas sobre la mesa, los cuadros en las paredes. A medida que seguía su mirada empecé a sentirme incómodo. Curiosamente, no me había sentido mal antes con esta habitación, pero, ahora que Él estaba allí conmigo y miraba todo, me sentí avergonzado. Sus ojos eran demasiado puros para mirar algunos de mis libros en los estantes. Sobre la mesa había algunas revistas que no corresponden a un cristiano. En cuanto a las imágenes en las paredes, que son las imaginaciones y pensamientos de mi mente, algunas eran vergonzosas.

Ruborizado, me volví a Él y dije:

—Maestro, yo sé que esta habitación realmente necesita una limpieza y remodelación. ¿Me ayudarías a arreglarla y convertirla en el lugar que debería ser?

—Por supuesto —respondió Él—. ¡Me alegra poder ayudarte! ¡He aprendido a manejar esta clase de asuntos! En primer lugar, deshazte de todos los materiales que lees y sabes que no son verdaderos, buenos, puros y edificantes, ¡y tíralos! Ahora pon en los estantes vacíos los libros

de la Biblia. Llena la biblioteca con pasajes de las Escrituras y medita en ellos de día y de noche. En cuanto a las imágenes en las paredes, te resultará difícil controlarlas, pero tengo algo que te ayudará. Él me dio un retrato suyo de gran tamaño.

—Cuélgalo en un lugar central —dijo—. En el muro de tu mente.

Lo hice, y he descubierto con los años que, cuando mis pensamientos se centran en Cristo, la conciencia de su presencia, su pureza y su poder ahuyentan los pensamientos impuros. Así me ha ayudado Él a poner mis pensamientos bajo su control, a pesar de que la lucha es continua.

Si tienes dificultades con esta pequeña habitación de la mente, permíteme animarte a que invites allí a Cristo. Llénate de la Palabra de Dios, estúdiala, medita en ella y mantén delante de ti la presencia del Señor Jesús.

Lectura bíblica:

Filipenses 4:8-9 (NVI)

Por último, hermanos, consideren bien todo lo verdadero, todo lo respetable, todo lo justo, todo lo puro, todo lo amable, todo lo digno de admiración, en fin, todo lo que sea

excelente o merezca elogio. Pongan en práctica lo que de mí han aprendido, recibido y oído, y lo que han visto en mí, y el Dios de paz estará con ustedes.

Preguntas para la reflexión personal:
- ¿Qué diría Cristo si lo invitaras a la biblioteca de tu mente?
- ¿Qué cosas tienes que reemplazar con la Palabra de Dios a fin de convertir tu estudio en un lugar donde Cristo puede guardar tu corazón y tu mente?
- ¿Se interesa Dios por lo que vemos y leemos? ¿Por qué sí o por qué no?
- ¿De qué manera afecta nuestro comportamiento aquello que ponemos en nuestra mente?

Mi compromiso: Seré consciente de que el Señor Jesús está a mi lado en todo momento. Llenaré mi mente con la Palabra de Dios, la estudiaré y meditaré en ella.

El comedor
Isaías 55:1-3, 6-11

Del estudio pasamos al comedor, la habitación de los apetitos y deseos. Esta era una habitación grande y muy importante para mí. Pasé mucho tiempo e invertí mucho esfuerzo tratando de satisfacer todos mis deseos. Yo le dije:

—Esta es una de mis habitaciones favoritas. Estoy seguro de que te gustará lo que se sirve aquí.

Él se sentó en la mesa y preguntó:

—¿Cuál es el menú para la cena?

—Pues bien —dije—, mis platos favoritos: dinero, títulos académicos, inversiones, con artículos de periódico de fama y fortuna como acompañamiento.

Estas eran cosas que me gustaban, solo alimento secular. No tenía nada de malo, pero tampoco era la clase de comida que alimenta el alma o satisface la verdadera hambre espiritual.

Cuando mi nuevo amigo tuvo su plato en frente, no dijo nada. Sin embargo, al apreciar que no comía, le pregunté un poco preocupado:

—Salvador, ¿no te agrada esta comida? ¿Cuál es el problema?

—Tengo una comida que tú no conoces —respondió Él—. Mi comida es hacer la voluntad del que me envió.

Él me miró otra vez y dijo:

—Si quieres comida que realmente satisface, haz la voluntad de tu

Padre celestial. Complácelo a Él primero, y no a ti mismo. Deja de perseguir tus propios deseos, tus propias ambiciones, tus propios placeres. Busca agradarlo. Esa comida realmente va a satisfacerte. ¡Pruébala! Y allí sobre la mesa me dio una prueba de lo que es hacer la voluntad de Dios. ¡Qué sabor! No hay comida como esa en el mundo. Satisface por completo. Al final todo lo demás te deja con hambre.

¿Cuál es el menú en el comedor de nuestros deseos? ¿Qué clase de comida servimos a nuestro invitado del cielo y servimos para nosotros mismos? «Pues el mundo solo ofrece un intenso deseo por el placer físico, un deseo insaciable por todo lo que vemos, y el orgullo de nuestros logros y posesiones» (1 Juan 2:16). Es decir, ¿buscamos nuestros deseos egoístas, o buscamos que la voluntad de Dios sea nuestra carne y nuestra bebida que satisfacen nuestra alma?

Lectura bíblica:

Isaías 55:1-3

«¿Alguien tiene sed? Venga y beba, ¡aunque no tenga dinero! Vengan, tomen vino o leche, ¡es todo gratis! ¿Por qué gastar su dinero en alimentos que no les dan fuerza? ¿Por qué pagar por comida que no les hace ningún bien? Escúchenme, y comerán lo que es bueno; disfrutarán de la mejor comida.

»Vengan a mí con los oídos bien abiertos. Escuchen, y encontrarán vida. Haré un pacto eterno con ustedes...».

Isaías 55:6-11

Busquen al Señor mientras puedan encontrarlo; llámenlo ahora, mientras está cerca...

«Mis pensamientos no se parecen en nada a sus pensamientos —dice el Señor—. Y mis caminos están muy por encima de lo que pudieran imaginarse. Pues así como los cielos están más altos que la tierra, así mis caminos están más altos que sus caminos y mis pensamientos, más altos que sus pensamientos.

»La lluvia y la nieve descienden de los cielos y quedan en el suelo para regar la tierra. Hacen crecer el grano, y producen semillas para el agricultor y pan para el hambriento. Lo mismo sucede con mi palabra. La envío y siempre produce fruto; logrará todo lo que yo quiero, y prosperará en todos los lugares donde yo la envíe».

Preguntas para la reflexión personal:
- ¿Cuál es el menú en el comedor de tus deseos? (Haz una lista).
- ¿Por qué piensas que estas cosas son importantes para ti?
- ¿Por qué y cuándo es más difícil para ti elegir a Dios en lugar del mundo?
- ¿Qué virtudes necesitamos para vivir en este mundo haciendo la voluntad de Dios?

Mi compromiso: Haré una lista de virtudes que necesito, haré un examen y oraré para que Dios las imparta a mi carácter. Oraré a solas, o con un amigo, para que Dios me capacite para hacer su voluntad cuando las cosas se ponen difíciles. Buscaré uno o dos versículos que hablen de cada virtud; los revisaré y memorizaré.

La sala
2 Crónicas 7:14 (NVI); Mateo 11:28-30

Fuimos después a la sala. Era una habitación tranquila y cómoda, con un ambiente muy agradable. Me gustaba. Tenía una chimenea, un sofá, sillas suaves, una biblioteca y mucha privacidad.

A Él también pareció gustarle. Dijo:

—En efecto, esta es una habitación muy agradable. Encontrémonos aquí con frecuencia. Es un lugar tranquilo y apartado donde podemos tener buenas conversaciones y comunión.

Pues bien, naturalmente como cristiano joven en la fe, me sentí emocionado. No se me ocurría un mejor plan que pasar unos minutos a solas en íntimo compañerismo con Cristo.

—Estaré aquí cada mañana temprano —prometió Él—. Búscame aquí y empezaremos el día juntos.

Así que cada mañana bajaba a la sala. Él sacaba de los estantes un libro de la Biblia, lo abría, y lo leíamos juntos. Él me revelaba las maravillas de la verdad salvadora de Dios que están registradas en esas páginas, y mi corazón se llenaba de alegría cuando Él me contaba todo lo que había hecho por mí y todo lo que sería Él para mí. Esos momentos juntos fueron maravillosos. Me hablaba a través de la Biblia y de su Espíritu Santo. Yo le respondía en oración. Así nuestra amistad creció en esos momentos tranquilos de conversación personal.

Sin embargo, por la presión de muchas responsabilidades, poco a poco

ese tiempo empezó a acortarse. ¿Por qué? No estoy seguro. De alguna forma pensé que estaba demasiado ocupado para apartar cada día un tiempo especial para estar con Cristo. Como entenderás, esta no fue una decisión planeada; parece que simplemente sucedió. Al final, no solo se acortó ese tiempo, sino que empecé a faltar algunos días, de vez en cuando, como en los exámenes parciales y finales. Los asuntos urgentes que requerían mi atención desplazaban continuamente los momentos tranquilos de conversación con Jesús. Con frecuencia pasaban dos o más días seguidos sin conversar con Él.

Una mañana, recuerdo que bajé a prisa las escaleras cuando iba de camino a una cita importante.

Cuando pasé por la sala, encontré la puerta abierta. Eché un vistazo y vi la chimenea encendida, y a Jesús sentado. De repente, consternado, entendí. Él es mi invitado. ¡Yo lo invité a mi corazón! Él vino como mi Salvador y Amigo para vivir conmigo. Pero yo lo estaba descuidando.

Me detuve, me di la vuelta, y con vacilación entré. Con la mirada baja, dije:

—Señor, ¡lo siento! ¿Has estado aquí cada mañana?

—Sí —respondió—. Yo te dije que estaría aquí esperándote.

¡Yo me sentí aún más avergonzado! Él había sido fiel a pesar de mi infidelidad. Le pedí que me perdonara, y Él me perdonó, como siempre lo hace cuando reconocemos nuestras faltas y queremos hacer lo correcto.

—El problema es que has pensado en tu tiempo tranquilo de oración y estudio de la Biblia como un medio para tu propio crecimiento espiritual —me dijo—. Aunque eso es cierto, has olvidado que este tiempo también es valioso para mí. Recuerda que te amo. Te he redimido a un costo muy alto. Valoro tu amistad. Nada más verte mirar mi rostro llena de alegría mi corazón. No descuides esta hora, al menos por mí. Sea o no que quieras estar conmigo, recuerda que yo quiero estar contigo. ¡En verdad te amo!

¿Sabes? La verdad de que Cristo desea mi compañía, que me ama, desea que yo esté con Él, y que me espera, ha transformado más que cualquier otra cosa mi tiempo a solas con Dios. No dejes a Cristo esperando solo en la sala de tu corazón. Cada día dedica un tiempo y busca un lugar donde, con la Palabra de Dios y en oración, puedas estar con Él.

Lectura bíblica:

> **2 Crónicas 7:14 (NVI)**
> Si mi pueblo, que lleva mi nombre, se humilla y ora, y me busca y abandona su mala conducta, yo lo escucharé desde el cielo, perdonaré su pecado y restauraré su tierra.

> **Mateo 11:28-30**
> Luego dijo Jesús: «Vengan a mí todos los que están cansados y llevan cargas pesadas, y yo les daré descanso. Pónganse mi yugo. Déjenme enseñarles, porque yo soy humilde y tierno de corazón, y encontrarán descanso para el alma. Pues mi yugo es fácil de llevar y la carga que les doy es liviana».

Preguntas para la reflexión personal:
- ¿Qué distracciones te impiden pasar tiempo con Jesús?
- ¿Cómo puedes limitar las distracciones?
- ¿Dedicas tiempo a menudo para conversar con Jesús? ¿Es importante? ¿Por qué?
- Recuerda un momento memorable en el que estuviste a solas escuchando a Jesús y hablando con Él. ¿Qué efecto produjo en tu vida en ese momento o más adelante?

Mi compromiso: Trazaré un plan para leer cada día algunos versículos o un capítulo de la Biblia, y lo llevaré a cabo. Le pediré a un líder espiritual o a un miembro cristiano de la familia que me recuerde hacerlo. También trataré de hablar mentalmente con Dios acerca de todo a lo largo del día.

El taller
Colosenses 3:23-24; Efesios 4:28

Al poco tiempo Él preguntó:
—¿Tienes un taller en tu casa?

En el garaje de la casa de mi corazón tenía una mesa de trabajo y algunas herramientas, pero no hacía mucho con ellas. De vez en cuando me entretenía haciendo pequeños artefactos, pero nada sustancial.

Llevé a Jesús al taller.

Él miró la mesa de trabajo y vio las pocas habilidades y destrezas que yo tenía.

—El lugar está bien equipado —dijo—. ¿Qué estás produciendo con tu vida para el reino de Dios?

Miró uno o dos juguetitos que yo había armado a la ligera sobre la mesa de trabajo, y me mostró uno.

—¿Esta es la clase de cosas que estás haciendo para otros en tu vida cristiana?

¡Me sentí muy mal!

—Señor, es lo mejor que puedo hacer. Sé que no es mucho. Me avergüenza decir que con mi torpeza y limitación, no creo que pueda hacer algo más.

—¿Te gustaría hacer algo mejor? —me preguntó.

—¡Tú sabes que sí! —le respondí.

—Bueno, primero recuerda lo que te enseñé: «Separados de mí, no

pueden hacer nada» (Juan 15:5). Ven, descansemos y deja que mi Espíritu obre en ti. Sé que te falta destreza, pero el Espíritu es el Maestro experto en toda obra. Si Él controla tu corazón y tus manos, obrará a través de ti. Ahora date la vuelta.

Entonces, puso sus grandes y fuertes brazos alrededor de mí y sus manos bajo las mías, tomó las herramientas y empezó a trabajar a través de mí.

—Relájate. Todavía estás demasiado tenso. Suéltate. ¡Déjame hacer el trabajo!

Me asombra lo que sus manos expertas pueden hacer a través de las mías cuando solo confío en Él y le dejo hacer lo que Él quiere. Aún no estoy completamente satisfecho con el producto final. Todavía estorbo a veces su obra. Hay mucho más que debo aprender. Pero sé que cualquier obra que sea hecha para Dios ha sido ejecutada por medio de Él y del poder de su Espíritu en mí.

No te desanimes porque no puedes hacer mucho para Dios. Lo que importa no es nuestra capacidad sino nuestra disposición. Da lo que eres a Cristo. Sé sensible y receptivo a lo que Él te pida hacer. Confía en Él. ¡Te sorprenderá con lo que puede hacer a través de ti!

Lectura bíblica:

Colosenses 3:23-24

Trabajen de buena gana en todo lo que hagan, como si fuera para el Señor y no para la gente. Recuerden que el Señor los recompensará con una herencia y que el Amo a quien sirven es Cristo.

Efesios 4:28

Si eres ladrón, deja de robar. En cambio, usa tus manos en un buen trabajo digno y luego comparte generosamente con los que tienen necesidad.

Preguntas para la reflexión personal:
- ¿Son importantes para Dios tus hábitos de estudio y de trabajo? ¿Hay algunas costumbres, ya sea en la escuela o en el trabajo, que son desagradables a Dios? ¿Por qué sí o por qué no?
- ¿Son todos los trabajos dignos? ¿Por qué sí o por qué no?
- ¿Qué determina si un trabajo es digno?
- ¿Cuál es la meta final del estudio y el trabajo?

Mi compromiso: Haré todo para agradar a Dios, y no a los hombres. La aprobación de Dios y su agrado son lo único que me importa.

La sala de recreación
Juan 15:9b-11; Romanos 13:13-14

Recuerdo la ocasión en la que me preguntó por la sala de recreación, el lugar donde buscaba diversión y camaradería. Esperaba que no me preguntara por ese lugar. Había ciertas compañías y actividades que quería mantener en secreto. No pensaba que Jesús las disfrutara o aprobara. Evadía la pregunta.

Sin embargo, una noche en la que salía con algunos de mis amigos para pasar un rato en la ciudad, Él estaba en la puerta y me detuvo con una mirada.

—¿Vas a salir?

—Sí —respondí.

—Bien —dijo—. Quiero ir contigo.

—Oh —respondí con nerviosismo—. Señor, no creo que te guste el lugar donde vamos. Salgamos juntos mañana por la noche. Podemos ir a una clase bíblica o a una reunión en la iglesia, pero esta noche tengo otro compromiso.

—Como prefieras —comentó—. Solo pensé que al venir a tu casa íbamos a hacer todo juntos, ¡como buenos amigos! Solo quiero que sepas que estoy dispuesto a acompañarte.

—Bueno —dije—. ¡Mañana por la noche vamos a alguna parte!

Esa noche pasé unas horas desdichadas. ¡Me sentí terrible! ¿Qué clase de amigo era yo para Jesús? ¿Por qué quería sacarlo de una parte de mi

vida, hacer cosas e ir a lugares que con toda seguridad no eran de su agrado? Cuando volví esa noche había una luz en su habitación, y subí para hablar con Él.

—Señor —confesé—, he aprendido mi lección. Ahora sé que no puedo pasarla bien si Tú no estás conmigo. ¡De ahora en adelante haremos todo juntos!

Entonces bajamos juntos a la sala de recreación de la casa. Él la transformó. Trajo nuevas amistades, nuevas emociones y nuevas alegrías. La risa y la música han resonado en la casa desde entonces. Con brillo en su mirada, sonrió y me dijo:

—¿Pensaste que conmigo presente no tendrías mucha diversión, no es así? Recuerda que «les he dicho estas cosas para que se llenen de mi gozo; así es, desbordarán de gozo» (Juan 15:11).

Lectura bíblica:

Juan 15:9b-11

Permanezcan en mi amor. Cuando obedecen mis mandamientos, permanecen en mi amor, así como yo obedezco los mandamientos de mi Padre y permanezco en su amor. Les he dicho estas cosas para que se llenen de mi gozo; así es, desbordarán de gozo.

Romanos 13:13-14

Ya que nosotros pertenecemos al día, vivamos con decencia a la vista de todos. No participen en la oscuridad de las fiestas desenfrenadas y de las borracheras, ni vivan en promiscuidad sexual e inmoralidad, ni se metan en peleas, ni tengan envidia. Más bien, vístanse con la presencia del Señor Jesucristo. Y no se permitan pensar en formas de complacer los malos deseos.

Preguntas para la reflexión personal:

- De los lugares y las actividades que usas para entretenerte, ¿cuáles preferirías no compartir con Jesús? ¿Por qué?
- ¿Qué sientes cuando piensas que Cristo puede acompañarte cuando sales con tus amigos?
- ¿Qué pensaría Cristo de tus amigos? ¿Por qué? Haz una lista.
- ¿Es posible ser luz y agradar a Dios en todo lugar? ¿Por qué sí o por qué no?
- ¿Hay algunos lugares que un seguidor de Jesús nunca debería visitar (o debe tratar de evitar)? ¿Por qué sí o por qué no?

Mi compromiso: Le pediré a Dios que me capacite para agradarle dondequiera que voy. También le pediré que me guarde de ir a lugares donde no debería estar.

La habitación
1 Tesalonicenses 4:3-5; Proverbios 5:15-21

Un día en el que estábamos en mi habitación Él me preguntó acerca de la foto junto a mi cama.

—Es una foto de mi novia —le dije.

Aunque tenía una buena relación con mi novia, me sentí incómodo hablando con Él sobre este tema. Ella y yo estábamos luchando con algunos problemas y yo no quería conversar con Él acerca de ellos. Traté de cambiar de tema.

Sin embargo, Jesús debió saber lo que estaba pensando.

—Empiezas a poner en duda mis enseñanzas sobre el sexo, ¿verdad? ¿Que la relación sexual es solamente para los que están casados? Sientes que te estoy pidiendo algo antinatural, por no decir imposible para ti. Tienes miedo de que mi voluntad sobre esto limitará el pleno disfrute de la vida y el amor. ¿No es cierto?

—Sí —confesé.

—Entonces, escúchame con atención —dijo Él—. Yo prohíbo el adulterio y las relaciones sexuales prematrimoniales no porque el sexo sea malo, sino porque es bueno. Además de dar placer, une dos vidas en amor profundo. Tiene el poder creativo de engendrar una vida humana. Es poderoso. Usado correctamente tiene una capacidad ilimitada de traer bien, pero cuando se usa de forma inadecuada, destruye el bien. Por esta razón Dios ha dispuesto que se exprese únicamente dentro del

compromiso basado en el amor que es para toda la vida. El amor es mucho más que sexo.

Déjame ayudarte en la relación con el sexo opuesto. Si tú hicieras algo que te causara vergüenza y culpa, aun así yo te amaría y permanecería a tu lado. ¡Habla conmigo al respecto! ¡Reconoce el error! ¡Toma los pasos necesarios para evitar que vuelva a suceder! Confía en mi fortaleza para guardarte de tropezar y guiarte a una relación amorosa de matrimonio donde, por medio de mí, dos personas se convierten realmente en una.

Lectura bíblica:

> 1 Tesalonicenses 4:3-5 (NVI)
> La voluntad de Dios es que sean santificados; que se aparten de la inmoralidad sexual; que cada uno aprenda a controlar su propio cuerpo de una manera santa y honrosa, sin dejarse llevar por los malos deseos como hacen los paganos, que no conocen a Dios.

Proverbios 5:21
Pues el SEÑOR ve con claridad lo que hace el hombre, examina cada senda que toma.

Preguntas para la reflexión personal:
- ¿Qué dice Dios acerca de las relaciones (p. ej. Proverbios 5:15-21, 1 Corintios 13)?
- ¿Tiene Dios un plan para el sexo y el matrimonio?
- Si es así, ¿cuál es?
- ¿Cuáles son los resultados de seguir su plan o de rechazarlo?

Mi compromiso: Buscaré lo que Dios dice acerca de las relaciones, la intimidad y el matrimonio, y le pediré ayuda para ser sabio, desinteresado y puro en mis relaciones.

El clóset del pasillo
Mateo 5:8; Salmos 139:23

Hay otro asunto decisivo acerca del cual quisiera hablarte. Un día encontré a Jesús esperándome en la puerta del frente. Tenía una mirada inquisitiva. Cuando entré, me dijo:

—Hay un olor particular en la casa. Debe haber algo muerto aquí. Creo que está en el clóset del pasillo.

Tan pronto dijo esto yo supe de qué hablaba. En efecto, había un pequeño clóset en el pasillo, no era muy grande. En ese clóset, bajo llave, tenía una o dos cositas, objetos personales que no quería que nadie viera. Obviamente no quería que Cristo las viera. Eran cosas muertas y podridas que quedaban de la vida vieja; no eran malas en sí, pero tampoco buenas y rectas como para pertenecer a la vida cristiana. Aún así, yo las amaba. Tenía tantos deseos de guardarlas que en realidad me daba miedo confesar que estaban allí. A regañadientes, subí las escaleras con Él. A medida que subíamos, el olor se hacía más y más fuerte. Señaló la puerta y dijo:

—¡Ahí está! ¡Algo muerto!

¡Esto me disgustó! Es la única manera en la que puedo expresarlo. Le había dado acceso al estudio, al comedor, a la sala, al taller, a la sala de recreación y a la habitación, y ahora me preguntaba por un pequeño clóset. Pensé: *¡Esto es demasiado! No voy a darle la llave.*

—Pues bien —respondió, leyendo mis pensamientos—, si crees

que voy a quedarme aquí arriba en el segundo piso con ese olor, estás equivocado. Sacaré mi cama al cobertizo de atrás o a alguna otra parte. Definitivamente no voy a quedarme con eso ahí.

Y lo vi bajar las escaleras.

Una de las peores cosas que puede suceder cuando has llegado a conocer y amar a Jesucristo es sentir que Él aparta su rostro y su comunión. Tuve que ceder.

—Te daré la llave —dije con tristeza—. Pero Tú tendrás que abrir el clóset y limpiarlo. Yo no tengo la fuerza para hacerlo.

—Lo sé —dijo—. Sé que no la tienes. Solo dame la llave y permíteme encargarme de ese clóset, y lo haré.

Y así, con dedos temblorosos, le pasé la llave. Él la tomó de mi mano, caminó hacia la puerta, la abrió, entró, tomó la podredumbre que había escondida allí y la tiró. Luego limpió el clóset, lo pintó y lo arregló en un instante. De inmediato, una brisa fresca y fragante invadió toda la casa. La atmósfera entera cambió. ¡Qué libertad y victoria sentí al quitar esa

cosa muerta de mi vida! Sin importar cuál pecado o dolor haya en mi pasado, Jesús está dispuesto a perdonar, sanar y restaurar.

Lectura bíblica:

Mateo 5:8
Dios bendice a los que tienen corazón puro, porque ellos verán a Dios.

Salmos 139:23-24
Examíname, oh Dios, y conoce mi corazón;
 pruébame y conoce los pensamientos que me inquietan.
Señálame cualquier cosa en mí que te ofenda
 y guíame por el camino de la vida eterna.

Preguntas para la reflexión personal:
- ¿Qué tienes escondido en el clóset de tu corazón? ¿Hay amargura, odio, heridas del pasado, desconfianza o temor?
- ¿Por qué lo mantienes oculto?
- Si Dios sabe todo de nosotros, ¿por qué temes ser sincero con Él?
- ¿Por qué podemos ser sinceros con Dios?
- ¿Qué nos dice Dios en su Palabra acerca de cada una de las cosas que guarda tu corazón (p. ej. dolor, amargura, enojo, temor)?

Mi compromiso: Abriré mi corazón a Dios y le revelaré lo que he guardado oculto. Buscaré su perdón donde lo necesite y su sanidad para todo mi dolor.

Transferencia del título
Romanos 12:1-2

Entonces me vino un pensamiento. *He tratado de guardar mi corazón limpio y dispuesto para Cristo, pero es mucho trabajo. Empiezo en una habitación, y tan pronto acabo de limpiarla descubro que otra está sucia. Empiezo en la segunda habitación, y la primera vuelve a llenarse de polvo. Estoy cansándome de tratar de mantener un corazón limpio y una vida obediente. ¡No soy capaz de hacerlo!*

De repente pregunté:

—Señor, ¿existe la posibilidad de que quieras administrar la casa entera y la hagas funcionar por mí, tal como lo hiciste con ese clóset? ¿Puedo entregarte la responsabilidad de cuidar mi corazón como debe ser y de guardarme para hacer lo correcto?

Pude ver cómo su rostro se iluminó y respondió:

—¡Me encantaría! Eso es exactamente lo que he venido a hacer. No puedes vivir una vida cristiana con tus propias fuerzas. Eso es imposible. Déjame hacerlo por ti y a través de ti. ¡Esa es la única manera en que realmente funciona! Pero —añadió lentamente—, yo no soy el dueño de esta casa. Recuerda que estoy aquí como tu huésped. No tengo autoridad para hacerme cargo de ella porque no es mi propiedad.

En un instante todo quedó claro. Exclamé muy emocionado:

—Señor, Tú has sido mi huésped, y yo he tratado de ejercer como anfitrión. De ahora en adelante, Tú vas a ser el propietario y amo de la casa. ¡Yo voy a ser tu siervo!

Corrí tan rápido como pude a la caja fuerte, tomé el título de propiedad de la casa que describía sus bienes y sus deudas, su estado, su ubicación y su condición. Luego volví rápido donde Él estaba, lo firmé con entusiasmo, le entregué el título para el presente y la eternidad. De rodillas se lo presenté:

—Aquí tienes, todo lo que soy y tengo, para siempre. Ahora Tú gobiernas la casa. Déjame solo estar contigo como amigo y compañero.

Ese día Él tomó mi vida, y puedo asegurarte que no hay mejor manera de vivir la vida cristiana. Él sabe cómo guardarla y usarla. Una paz profunda vino a mi alma y ha permanecido desde entonces. ¡Yo soy suyo y Él es mío por siempre!

Que Cristo se establezca y viva también a gusto como Señor de tu corazón.

Lectura bíblica:

Romanos 12:1-2

Por lo tanto, amados hermanos, les ruego que entreguen su cuerpo a Dios por todo lo que él ha hecho a favor de ustedes. Que sea un sacrificio vivo y santo, la clase de sacrificio que a él le agrada. Esa es la verdadera forma de adorarlo. No imiten las conductas ni las costumbres de este mundo, más bien dejen que Dios los transforme en personas nuevas al cambiarles la manera de pensar. Entonces aprenderán a conocer la voluntad de Dios para ustedes, la cual es buena, agradable y perfecta.

Imagínate como una casa viviente. Dios entra a reconstruir esa casa. Al comienzo, quizás puedas entender lo que hace. Está arreglando las cañerías y las goteras del techo y todas esas cosas; tú sabías que había que hacer esos trabajos, así que no te sorprendes. Pero luego comienza a golpear la casa por todos lados de un modo que duele abominablemente y no parece tener sentido. ¿Qué rayos pretende hacer? La explicación es que está construyendo una casa completamente diferente de la que tú pensabas, haciendo una nueva ala aquí, poniendo un piso extra allá, levantando torres, abriendo patios. Pensaste que iba a transformarte en una casita decente, pero Él está construyendo un palacio. Él mismo pretende venir a vivir ahí.

C. S. Lewis

Epílogo

Una de las doctrinas cristianas más extraordinarias es que Jesucristo mismo, por medio del Espíritu Santo, viene a un corazón, se establece y hace su morada en él. Cristo está dispuesto a vivir en cada corazón humano que lo recibe.

Mi antiguo yo ha sido crucificado con Cristo. Ya no vivo yo, sino que Cristo vive en mí. Así que vivo en este cuerpo terrenal confiando en el Hijo de Dios, quien me amó y se entregó a sí mismo por mí (Gálatas 2:20, ver también 1 Crónicas 29:11b, 14b).

Él dijo a sus discípulos: «Todos los que me aman harán lo que yo diga. Mi Padre los amará, y vendremos para vivir con cada uno de ellos» (Juan 14:23). Sin embargo, también les dijo que pronto iba a dejarlos (Juan 13:33). A ellos les resultó difícil entender lo que decía. ¿Cómo era posible para Él dejarlos y al mismo tiempo vivir con cada uno de ellos?

Entonces vino Pentecostés. El Espíritu del Cristo vivo fue impartido a la iglesia y ellos experimentaron lo que Jesús les había prometido. Entonces comprendieron que Dios no habita en el templo de Herodes en Jerusalén, ¡ni en ningún otro templo hecho de manos! Ahora, gracias al milagro del derramamiento del Espíritu, Dios vendría a morar en los corazones de los hombres. El cuerpo del creyente se había convertido en el templo del Dios viviente, y el corazón humano en el hogar de Jesucristo.

Difícilmente puedo pensar en un privilegio más grande que dar a Cristo un hogar en mi corazón y allí conocerlo, recibirlo, servirlo y agradarlo.

¿Qué es Pentecostés?

Durante Pentecostés se celebra la venida del Espíritu Santo. Pentecostés es la confirmación de la promesa de Jesús que Dios enviaría su Espíritu.

> Cuando venga el Espíritu de verdad, él los guiará a toda la verdad. Él no hablará por su propia cuenta, sino que les dirá lo que ha oído y les contará lo que sucederá en el futuro (Juan 16:13).

...pero recibirán poder cuando el Espíritu Santo descienda sobre ustedes; y serán mis testigos, y le hablarán a la gente acerca de mí en todas partes (Hechos 1:8a).

Desde entonces los creyentes reciben el Espíritu Santo en el momento de ser salvos. Cristo encargó a sus discípulos difundir el evangelio por todo el mundo y prometió que el Espíritu de Dios les daría la capacidad para lograrlo.

Pero ustedes no están dominados por su naturaleza pecaminosa. Son controlados por el Espíritu si el Espíritu de Dios vive en ustedes. (Y recuerden que los que no tienen al Espíritu de Cristo en ellos, de ninguna manera pertenecen a él) (Romanos 8:9).

Y ahora ustedes... también han oído la verdad, la Buena Noticia de que Dios los salva. Además, cuando creyeron en Cristo, Dios los identificó como suyos al darles el Espíritu Santo, el cual había prometido tiempo atrás. El Espíritu es la garantía que tenemos de parte de Dios de que nos dará la herencia que nos prometió y de que nos ha comprado para que seamos su pueblo. Dios hizo todo esto para que nosotros le diéramos gloria y alabanza (Efesios 1:13-14).

...él nos salvó, no por las acciones justas que nosotros habíamos hecho, sino por su misericordia. Nos lavó, quitando nuestros pecados, y nos dio un nuevo nacimiento y vida nueva por medio del Espíritu Santo. Él derramó su Espíritu sobre nosotros en abundancia por medio de Jesucristo nuestro Salvador (Tito 3:5-6).

"¿Cómo vas a responder a Su llamado? ¿Le dejarás entrar?"

«Yo soy la puerta; los que entren a través de mí serán salvos. Entrarán y saldrán libremente y encontrarán buenos pastos. El propósito del ladrón es robar y matar y destruir; mi propósito es darles una vida plena y abundante». —Jesús (Juan 10:9-10).

¿Sabías que Dios te ama y quiere que seas su hijo, que vivas con Él para siempre en un hermoso lugar donde no hay lágrimas, violencia, rechazo ni dolor? ¿Quieres conocer a Dios y seguir el plan maravilloso que tiene para tu vida?

¿Sientes que hay un muro de separación entre Dios y tú? Esta barrera existe por el pecado, que es todo lo que hacemos o pensamos que no agrada a Dios, quien es perfecto y santo. La Biblia dice: «Todos se desviaron… No hay ni uno que haga lo bueno…» (Salmos 53:3), y esto lo sabemos bien cuando miramos a nuestro alrededor y nuestro interior. También dice que «la paga que deja el pecado es la muerte...» (Romanos 6:23a). Dios añoraba tenerte junto a Él para siempre. Entonces Jesús, que es 100% Dios y 100% humano, vino a la Tierra para pagar la pena de muerte que merecíamos. Dice la Biblia en Isaías que Jesús:

> Fue despreciado y rechazado: hombre de dolores, conocedor del dolor más profundo. Nosotros le dimos la espalda y desviamos la mirada; fue despreciado, y no nos importó.
> Sin embargo, fueron nuestras debilidades las que él cargó; fueron nuestros dolores los que lo agobiaron. Y pensamos que sus dificultades eran un castigo de Dios; ¡un castigo por sus propios pecados!
> Pero él fue traspasado por nuestras rebeliones y aplastado por nuestros pecados. Fue golpeado para que nosotros estuviéramos en paz, fue azotado para que pudiéramos ser sanados. Todos nosotros nos hemos extraviado como ovejas; hemos dejado los caminos de Dios para seguir los nuestros. Sin embargo, el Señor puso sobre él los pecados de todos nosotros...
> ... Y a causa de lo que sufrió, mi siervo justo hará posible que muchos sean contados entre los justos, porque él cargará con todos los pecados de ellos.
> Yo le rendiré los honores de un soldado victorioso, porque se expuso a la muerte. Fue contado entre los rebeldes. Cargó con los pecados de muchos e intercedió por los transgresores (Isaías 53:3-6, 11b-12).

Si estás de acuerdo con Dios y quieres conocerle, si quieres ser libre para siempre de tu carga de pecado, díselo ahora mismo y pídele que te perdone y te libre del mal. Puedes expresarlo con tus propias palabras, diciendo algo así como:

Querido Dios, gracias por amarme tanto que enviaste a Jesús a la Tierra a pagar la condena que yo merecía por mi pecado. Confieso que he pecado contra ti. Te pido perdón por todo el mal que he hecho, y te pido que me transformes (me limpies) por dentro. Toma el control de mi vida y hazme la persona que quieres que yo sea. Gracias por salvarme. En el nombre de Jesús, Amén.

«La paga que deja el pecado es la muerte», pero la Biblia también dice que «el regalo que Dios da es la vida eterna por medio de Cristo Jesús nuestro Señor» (Romanos 6:23). ¡Esa es una promesa de Dios, y Él siempre dice la verdad!

Para comenzar tu nueva vida con Dios, consigue una copia de la Biblia y léela todos los días. Memoriza versículos que tengan un significado especial para ti. Algunas sugerencias para comenzar son: Salmos 1, 23, 143 y 145, Juan 3:16-17, Romanos 3:23, 1 Corintios 13, Efesios 2:8-10 y 1 Juan 4. Habla con Dios en todo momento acerca de todas las cosas. Pídele que te envíe amigos que le amen a Él.

Bienvenido a la gran aventura de ser miembro de la familia de Dios, quien promete: «Nunca te fallaré. Jamás te abandonaré» (Hebreos 13:5b). «Les doy vida eterna, y nunca perecerán. Nadie puede quitármelas» (Juan 10:28).

Descubre la Mejor Biblioteca

La Biblia es como una biblioteca. Contiene 66 libros escritos por más de 40 personas de tres continentes durante un período de 1400 años. A pesar de esto, tiene un mensaje unificado sobre la santidad de Dios y Su regalo para los pecadores, esto es, la salvación a través de Jesús. Es una carta de amor de Dios para ti y un manual para tu vida diaria. En ella Dios te muestra cómo complacerlo y honrarlo, y cómo vivir una vida abundante.

La Biblia tiene dos partes: el Antiguo Testamento (39 libros) y el Nuevo Testamento (27 libros). Puedes empezar a leer el Nuevo Testamento por uno de los cuatro Evangelios (Mateo, Marcos, Lucas y Juan) que presentan las enseñanzas, vida, muerte y resurrección de Jesús. En el Antiguo Testamento encontrarás el libro de los Salmos con canciones y poemas escritos en tiempos de guerra y paz, y colmados de gozo, tristeza y alabanzas. Procura leerlos con frecuencia. Luego puedes leer Proverbios, un libro lleno de consejos sobre temas diversos como dinero, relaciones, familia y amor verdadero, entre otros. Después, intenta leer Génesis, el primer libro de la Biblia. Encontrarás las dramáticas aventuras de personas como Abraham, Sara, Jacob, Raquel, Lea y José.

Trata de leer la Biblia a diario. Si faltas un día, no te desanimes; vuelve a la lectura en cuanto te sea posible. Las sugerencias que te damos a continuación te ayudarán a aprovechar al máximo tu tiempo de lectura:

Ora antes de comenzar a leer y pídele al Señor que te capacite para entender lo que estás leyendo. Ruégale para que te muestre quién es Él y para que transforme tu corazón y tu mente a través de lo que lees.

Lee un capítulo o sección del capítulo varias veces para asimilar las ideas principales y el contexto. Escoge un lugar tranquilo y una hora en la cual sea menos probable que te interrumpan.

Hazte preguntas acerca del contenido y el contexto histórico y cultural. ¿Quiénes son los personajes principales? ¿Cuáles son las preocupaciones, problemas e interrogantes de las personas cuyos relatos estás leyendo? No te molestes si hay relatos o mandatos que no entiendes, busca otros pasajes en la Biblia sobre el mismo tema y pídele a Dios que te muestre lo que estos quieren decir.

Reflexiona: ¿Qué me dice acerca de Dios, Jesús o el Espíritu Santo? ¿Qué me dice de los seres humanos en general o de mí en particular?

Aplica lo que hayas aprendido: Siéntate en silencio y concéntrate en una frase o idea que capte tu atención a medida que lees. Hazte las siguientes preguntas: ¿Hay algo que debo hacer o debo dejar de hacer? ¿Debo cambiar algún hábito, o mi forma de pensar sobre algo, o mi actitud hacia alguien? ¿Cómo puedo hacer que el carácter de Dios se refleje en mi vida?

Alaba a Dios por Su carácter —justo, recto, bondadoso, misericordioso, amoroso— y por Su amor hacia ti. Pídele que te perdone cualquier cosa mal hecha que te venga a la mente y que te capacite para hacer aquellas cosas que Él ponga en tu corazón a medida que lees.